FLEURS DE MAI

CHANTS A LA VIERGE MARIE

PAR

F. BOISSIÈRE.

> . . . . Marie,
> Nom que j'aime d'enfance avec idolâtrie,
> Le plus doux qui, tombé des montagnes du ciel,
> Sur une lèvre humaine ait distillé son miel!...
> Aug. BARBIER.

MARSEILLE

IMPRIMERIE ET LITHOGRAPHIE SENÉS,
Rue Paradis, 36.

1861.

FLEURS DE MAI

CHANTS A LA VIERGE MARIE

PAR

F. BOISSIÈRE.

> . . . . Marie,
> Nom que j'aime d'enfance avec idolâtrie,
> Le plus doux qui, tombé des montagnes du ciel,
> Sur une lèvre humaine ait distillé son miel!...
>   Aug. BARBIER.

MARSEILLE
IMPRIMERIE ET LITHOGRAPHIE SENÉS, IMPRIMEUR DE LA PRÉFECTURE.
Rue Paradis, 36.

1861.

FLEURS DE MAI

CHANTS A LA VIERGE MARIE

LE PREMIER AGE.

I

La terre a revêtu sa plus belle parure ;
Le ciel avec amour sourit à la nature,
De suaves parfums se répandent dans l'air ;
L'oiseau, d'étonnement, tait ses chansons joyeuses,
Pour écouter l'accord de voix mystérieuses
    Formant un sublime concert.

Comme au front de la nuit se glisse un météore,
Dans les cœurs déchirés un espoir vient d'éclore ;
L'avare, malgré lui, connaît la charité ;
Croisant son regard d'homme avec celui du Maître,
L'esclave avec bonheur pour lui-même a vu naître
    L'ère de la fraternité.

Ils sont passés les jours où les puissants du monde,
Endormis mollement dans une erreur profonde,
D'un chimérique droit se berçaient convaincus ;
Où, dans Rome asservie étalant l'insolence,
Le Gaulois de son glaive a chargé la balance
    S'écriant : « Malheur aux vaincus ! »

Sur le monde opprimé passe un vent d'allégresse,
Dieu parle et les tyrans, surpris dans leur ivresse,
Dans l'horreur de la nuit rentrent épouvantés !
Place à d'autres festins, à de plus nobles fêtes !
Voici l'heure et le jour marqués par les prophètes,
    Peuples de la terre, chantez !

II

Chantez ! car il est né sous le beau ciel d'Asie
Une enfant, une vierge entre toutes choisie ;
Vase d'élection aimé du Tout-Puissant :
De la divinité pure et parfaite image,
Son âme n'a rien pris du funeste héritage
    Que nous apportons en naissant.

De son léger sommeil garde silencieuse,
Les célestes esprits sous leur aile soyeuse
Abritent doucement le berceau favori :
A ses premiers efforts souriants et dociles,
Ils feront de leurs mains à ses pas inhabiles
    Un chemin facile et fleuri.

C'est leur reine ; à son front, placé par Dieu lui-même,
Étincelle déjà son brillant diadème ;
Autour d'elle rayonne un nimbe lumineux :
Exempte des douleurs et des cris de l'enfance,
Son premier bégaiement est un chant d'espérance,
    Un hymne saint et gracieux.

Sous les tièdes baisers de la brise embaumée
Le lys éblouissant de sa fleur parfumée,
Comme un trésor sacré conserve la candeur,
Ainsi dans Israël la Vierge chaste et pure
De son âme sans tache écartant la souillure,
    Grandira, l'innocence au cœur.

III

Depuis l'heure fatale où l'archange rebelle,
Roulant précipité de la voûte éternelle,
Au séjour des douleurs s'arrêta foudroyé,
Dans son cœur aux remords sans cesse inaccessible
Haletant sous le poids d'une rage indicible
    Jamais son orgueil n'a ployé.

Comme il fut autrefois annoncé par l'oracle
Il sait que dans son sein, auguste tabernacle,
Va s'incarner bientôt le Verbe redouté.
Du Dieu qui la créée à la fois fille et mère,
En elle a commencé le sublime mystère
    Rédempteur de l'humanité.

Il va cacher sa peur dans ses antres funèbres ;
Il fuit accompagné des anges de ténèbres,
Se voilant à leurs yeux d'un superbe dédain ;
Mais pour que rien ne manque aux tourments de son âme
Il a vu remonter l'ange au glaive de flamme
    Qui gardait les portes d'Éden.

IV

Suspendant notre lyre aux saules du rivage,
Nous mouillons de nos pleurs le pain de l'esclavage,
Nous cherchons Israël dans les cités d'Assur.
Mais de la liberté le jour est près d'éclore :
Le cœur épanoui saluons cette aurore
    Qui nous annonce un ciel d'azur.

VIERGE ET ANGE.

I

Dans le temple divin, auprès du sanctuaire,
Asile de parfums et de douce prière,
Où les bruits du dehors ne sont plus qu'un soupir,
Rivage où de la mer les flots viennent mourir,
Loin des regards mondains fleurissent ignorées,
Les vierges dès l'enfance au Seigneur consacrées.
Par les soins empressés de leur adroite main
L'autel est revêtu de blancs tissus de lin ;
Des riches lampes d'or nuit et jour rayonnantes
Ne tarissent jamais les flammes odorantes,
Et sous l'auguste pas des Lévites bénis,
De verdure et de fleurs s'allonge un frais tapis.
On croirait à les voir dans leur blanche tunique,
Glissant d'un pied léger sous le sacré portique,
Lorsque dans le parvis désert, silencieux,
Un jour douteux les montre ou les dérobe aux yeux,
Des anges exilés des cités éternelles
Que Dieu pour quelque faute a privé de leurs ailes.

Et qui dans le saint lieu venus se consoler
Attendent en priant l'heure de s'envoler.

J'aime parmi les fleurs dont l'immense nature
Sait à profusion émailler sa parure,
Celle qui du printemps annonçant le retour,
Entr'ouvre son calice aux rayons d'un beau jour ;
Ce n'est pas cette rose altière et dédaigneuse,
Qui dans sa royauté follement orgueilleuse
D'un aiguillon cruel s'entoure pour punir
La main que son éclat invite à la cueillir.
Sous la feuille voilant sa modeste élégance
Et cachant son parfum comme la bienfaisance,
La simple violette a pour tout ornement
Sa couleur de saphir prise au bleu firmament.

Dans la réunion de ces vierges choisies,
Blanches perles d'Ophir dans le temple sorties,
Il en est une aussi, jeune fille au front pur,
Qui cache sa vertu comme la fleur d'azur.
Son modeste regard voilé par sa paupière
Ne se lève qu'au ciel en signe de prière,
Et sur ses traits empreints de douce gravité
Rayonnent la candeur et la simplicité.
A ses perfections la grâce se marie
Comme un reflet du ciel et son nom est : Marie.
Son cœur rempli des feux et de l'amour divins
Du céleste séjour prépare les chemins.

Qui redira jamais ses plaintes si touchantes,
Ses élans de douleur, ses larmes éloquentes,
Alors qu'à la retraite où Marie aima Dieu
Elle dut adresser un déchirant adieu ?
Quand l'âge était venu selon l'usage antique,
Les vierges retournaient au foyer domestique
Et des fils de Juda, chacun était jaloux
D'apporter aux parents les présents de l'époux.

En vain à Jéhovah, dès sa plus tendre enfance
Marie avait offert sa naïve innocence
Et, savourant la paix de ce calme séjour,
Voua-t-elle à lui seul sa vie et son amour,
A de plus grands desseins l'avenir la destine.
Le grand prêtre a connu la volonté divine ;
Du sanctuaire d'or où se plaît l'Éternel
Est sorti par deux fois un ordre solennel.
Dans Juda florissait une race royale
Qui parmi les tribus n'avait pas son égale ;
De l'illustre David les enfants révérés
De respect et d'honneur s'élevaient entourés.
Parmi les rejetons de la noble famille
Dieu fit naître l'époux qu'il choisit à sa fille.
Or, c'était un vieillard dont les cheveux blanchis
D'un semblable concours se croyaient affranchis
Et dont l'ambition facile à satisfaire
Demandait au travail un modique salaire.
Son cœur droit et croyant n'eut jamais hésité
S'il eut plutôt connu de Dieu la volonté.

1.

A l'aspect vénéré de l'époux qu'on lui donne
La Vierge de l'hymen accepte la couronne
Et son âme fervente espère avec bonheur
De sa virginité garder la douce fleur.
Dans ce commun désir leurs mains se sont unies ;
Le prêtre a prononcé les paroles bénies ;
Et saluant Juda d'un soupir, d'un regret,
La Vierge suit Joseph aux murs de Nazareth.
Si pour mieux se mirer dans cette créature,
D'un plus noble limon Dieu forma sa nature ;
Si dans ce diamant par sa main ciselé
Il se plut à verser un souffle immaculé,
Pourquoi l'entoura-t-il de splendeurs non pareilles
Et fit-il de son être un tissu de merveilles ?

Marie a regagné, vers l'occident vermeil,
L'asile heureux gardien de son chaste sommeil.
Là dans un oratoire imprégné de prière,
Avant que le repos ne ferme sa paupière,
Elle vient déposer d'un cœur reconnaissant
Sa dernière pensée aux pieds du Tout-Puissant.
Par les vitraux ouverts, des vagues mélodies
Arrivent en mourant les douceurs infinies ;
La brise rafraîchie en passant sur les fleurs
Des coteaux d'Engaddi rappelle les senteurs
Et jette en bruissant dans les vieux sycomores
De la mer qui mugit les notes plus sonores ;
Tous ces bruits confondus, voix de l'immensité,
Comme un enfant qui dort endorment la cité.

Mais quel éclat soudain a percé la nuit noire?
Des célestes clartés inondent l'oratoire,
Et, traçant dans l'espace un rayon lumineux,
Un ange aux ailes d'or est descendu des cieux.
Son nom est Gabriel ; près du trône suprême
Sans en être ébloui, son œil voit Dieu lui-même ;
Des hautes volontés fidèle exécuteur
Nul à les accomplir ne montra plus d'ardeur.
Pleine d'un saint respect à cette heureuse vue,
La Vierge devant lui s'incline toute émue ;
Mais la foi qui l'anime a banni de son cœur
Le vulgaire frisson d'une vaine terreur.
L'ange parle, écoutons :

— « Salut à vous, Marie !
Entre toutes vos sœurs vous seule êtes bénie !
Des grâces du Seigneur votre esprit est rempli ;
Le fruit de votre sein comme vous accompli
Est béni comme vous ; de son ardente flamme
L'esprit de l'Éternel embrasera votre âme ;
Son souffle produira votre fécondité. »
— « Qu'il soit fait en mon cœur selon sa volonté ;
Puisse-t-il de ma vie accueillir l'humble hommage ! »
A répondu Marie au céleste message.
Des larmes de bonheur ont perlé dans ses yeux
Et l'ange en souriant remonte vers les cieux.

JOIES ET DOULEURS DE LA MATERNITÉ

I

LES MAGES.

« Avides de savoir, aux choses de la terre
Nous avons demandé leurs secrets et leurs lois,
Et la terre nous a révélé son mystère
Et l'Orient surpris nous a proclamés rois.
Bien plus audacieux dans ses désirs profanes,
Notre œil interrogea les abimes du ciel ;
Nous cherchons à sonder ses sublimes arcanes,
Comme l'abeille aux fleurs cherche son plus doux miel.

« Qu'il est puissant cet être architecte des mondes !
Sa volonté féconde enfante l'univers ;
Il chasse du chaos les ténèbres profondes ;
De son sein bouillonnant jaillissent les éclairs !...
Il créa du soleil la splendeur infinie,
Pour éclairer nos pas il verse ses rayons ;
Son souffle dans notre âme alluma le génie ;
Mes frères ! devant lui taisons-nous et prions ! »

Et le front incliné dans une humble attitude,
Trois Mages recueillis, graves, silencieux,
Font trêve à leurs travaux, suspendent leur étude
Pour adorer l'auteur de la terre et des cieux.
Leurs regards se perdant aux voûtes étoilées,
Lisent l'œuvre divine inscrite au firmament ;
Pour eux dans ce grand livre aux pages constellées
Chaque astre qui scintille a son nom flamboyant.
Ils les ont tous suivis dans leur brillante élipse,
Dans leur course avec eux se laissant emporter
Et lorsque le soleil revient et les éclipse,
Le matin les surprend encore à les compter.
Jamais plus belle nuit sous son humide voile
Ne laissa s'élever calme plus solennel ;
Aux plaines de l'éther une nouvelle étoile
Fait trembler de ses feux l'éclat surnaturel.
Chacun la saluant et du cœur et du geste
Cherche à se rappeler quel nom lui fut donné,
Lorsqu'une voix venant de la voûte céleste,
« Au pays d'Israël le Rédempteur est né !
Allez à cet enfant apporter votre hommage ;
Fervents adorateurs de sa divinité,
L'étoile guidera votre lointain voyage ;
Allez courber vos fronts devant sa majesté ! »
Les mains pleines des fruits que l'Orient voit naître,
Sur les chameaux d'Epha les Mages sont partis,
A travers les déserts cherchant ce nouveau maître
Devant qui les puissants sont faibles et petits.
Et toujours devant eux cheminait radieuse
L'étoile étincelante au milieu du ciel bleu,
Faisant de la nuit sombre une nuit lumineuse,
Laissant sur son passage un long sillon de feu.

Trois jours ils ont marché. — Murs de la ville sainte
Dans le palais des rois cachez-vous ce trésor ?
L'étoile de Sion a dépassé l'enceinte
Et les Mages ont dit : « Marchons, marchons encor ! »

Bethléem ! qu'elle gloire autour de toi rayonne !
Le berceau de David jadis te fut donné ;
Mais d'un plus beau fleuron Dieu pare ta couronne :
Sois fière ! de ton sein surgit le nouveau-né !
Sur une simple grotte hors des murs de la ville
S'arrête le rayon du phare voyageur ;
Pleins d'un pieux émoi dans ce modeste asile,
Les Mages sont entrés portant la joie au cœur.
O merveille ! est-ce là, vêtu de pauvres langes,
L'enfant miraculeux roi de l'immensité ?
Lui qui remplit le ciel, lui que servent les anges :
Qu'a-t-il fait de sa pompe ? Où donc sa majesté ?
Pour reposer sa tête, un peu de paille fraîche,
Ravie aux animaux partageant ce séjour ;
La grotte est son palais ; son berceau, cette crèche ;
Une femme, un vieillard, voilà toute sa cour !
Mais admirant en lui cet excès de misère,
Voile mystérieux, de sa divinité,
Les Mages prosternés, le front dans la poussière,
Reconnaissent Jésus dans son humilité.

« Nous t'adorons, Seigneur, caché sous l'humble chaume,
Du fond de l'Orient amenés en ce lieu,
Nous venons t'apporter la myrrhe comme à l'homme !
De l'or comme à César, de l'encens comme à Dieu. »

— « Que la grâce d'en haut sur vos têtes descende,
Tant qu'au fond de vos cœurs vivra son souvenir ! »
Dit la mère ; et Jésus souriant à l'offrande,
Étend vers eux ses bras comme pour les bénir ;
Puis les trois étrangers reprennent leur voyage,
Emportant dans leur âme un indicible émoi ;
Aux peuples d'Orient courus à leur passage,
Ils vont faire éclater le soleil de la foi.

Sois heureuse, ô Marie ! après les trois rois Mages,
D'autres à ce berceau viendront se prosterner ;
Bergers ou potentats, hommes simples et sages,
Tous devant l'enfant Dieu désirent s'incliner.
C'est en vain qu'aiguisant un poignard déicide
Contre ses jours conspire un tyran insensé,
Le péril n'a qu'un temps ; le Tétrarque homicide
Va rendre compte à Dieu du sang qu'il a versé.
Sois heureuse, un vieillard à l'esprit prophétique
Portant ce frêle enfant dans ses pieuses mains,
Laisse monter aux cieux son sublime cantique :
« Seigneur, je vous ai vu, Seigneur, mes jours sont pleins. »

Bénis l'heure où trompant ta douce vigilance,
Faisant couler tes pleurs pour la première fois,
A l'âge où la raison fait défaut à l'enfance,
Aux docteurs confondus il enseigne ses lois.
Tous les cœurs attachés à ses lèvres divines
De son dogme sacré forment un doux lien,

Alors que, répandant ses nouvelles doctrines,
Jésus dans Israël passe faisant le bien.
Sois heureuse ! chacun recueille ses oracles ;
La foule pour l'ouïr l'accompagne en tout lieu ;
Il sème au milieu d'eux miracles sur miracles
Et les hommes ont dit : C'est là le fils de Dieu.

II

LE SACRIFICE.

Le monde chancela sur ses vieilles assises ;
De Gadès à Thulé les nations surprises,
Succombent sous le coup d'une morne torpeur :
Rome jetant au ciel ses clameurs éperdues,
Aveugle, à ses tyrans élève des statues,
Des autels aux faux Dieux, des temples à la peur.

Étalant fièrement sa pourpre impériale,
Son insolent orgueil qui ne veut point d'égale,
Se fait un marchepied de la tête des rois ;
A son char triomphal traînant toute la terre,
Chacun de son caprice esclave ou tributaire,
De son joug écrasant subit les dures lois.

Pourquoi dans la cité ce lugubre silence?
Quel choc inattendu vient saper sa puissance?
A-t-elle lu sa chûte au livre des destins?
D'un moderne Brennus les hordes affamées
L'ont-elles réveillée au bruit de leurs armées,
Pendant qu'elle dormait après ses longs festins?

Non, non! D'un cri de guerre elle n'est pas émue!
Comme l'éclair jaillit du milieu de la nue,
Comme un ardent foyer trop longtemps comprimé,
La voix du Christ mourant a remonté le Tibre
Et cette voix a dit à l'esclave : sois libre!
Sois heureux à ton tour, dit-elle à l'opprimé.

Cet infame gibet d'où la noble victime,
Dans son dernier soupir jette ce cri sublime,
Au monde rajeuni servira d'étendard ;
De la fraternité ce glorieux symbole
Détronera les Dieux usés du Capitole ;
Voilà pourquoi la peur glace Rome et César.

Depuis quatre mille ans l'humanité se traîne ;
Ses pieds sont entravés par une lourde chaîne
Dont crimes et soupirs composent les anneaux ;
Mais, l'immortalité qui fut notre partage
Offre à notre pensée un effrayant présage
De chagrins éternels, d'un abîme de maux.

Le Christ a pris sur lui toute notre misère
Pour apaiser d'en haut la divine colère ;
Sur son fils bien aimé Dieu fait tomber ses coups.
Et comme l'exilé retrouve une patrie,
Le juste avec transport voit la fin de sa vie ;
Il sait que désormais le ciel est sans courroux.

Ta vie en longs tourments goutte-à-goutte s'exhale ;
Quelle douleur peut être à ta douleur égale ?
A quel prix, ô Jésus, l'homme est-il pardonné ?
Cette coupe à ta lèvre est tellement amère
Que ton cœur épuisé demandait si ton père
Détournant ses regards, t'avait abandonné ?

Raffinements cruels d'un barbare supplice,
Angoisses et tourments du sanglant sacrifice
Dans un cœur maternel sont venus retentir.
Son œil baigné de pleurs, seule arme de la femme,
A compté les détails, qui torturaient ton âme
Et cependant, Seigneur, elle n'a pu mourir ?

L'histoire a buriné la figure héroïque
De la noble Aschmuna dont la voix énergique
Soutient ses fils brisés par le fer et le feu ;
Mais, chaque Machabée en expirant lui donne
Une palme, une fleur pour orner sa couronne :
Marie est mère aussi, mais son fils est son Dieu !

Quel artiste inspiré nous peindra sa souffrance ?
Je n'ôse plus sonder cet océan immense ;
Ma main laisse échapper ses pinceaux effrayés.
Tel aux monts sourcilleux l'ardent chasseur s'arrête
Devant un gouffre ouvert ; il détourne la tête
Et redescend pensif dans les sentiers frayés.

LE RETOUR

Je vous aimais déjà gracieuse Madone,
Lorsque des fleurs des champs que je lui moissonnais
Ma mère m'apprenait à faire une couronne
Pour le rustique autel dont vous êtes patronne,
M'élevant dans ses bras quand je vous la donnais.

Sa voix pour arrêter ma vive pétulance
N'avait qu'à commencer le récit simple et doux
De ces temps merveilleux où vous prites naissance ;
Où, fidèles gardiens de votre heureuse enfance,
Les anges du Seigneur vous servaient à genoux.

J'écoutais attentif le sublime mystère
Depuis l'heure où parlait l'archange Gabriel
Jusqu'au jour où, brisant les liens de la terre
Sur un nuage d'or éclatant de lumière,
Votre âme et votre corps furent portés au ciel.

Dans mes rêves naïfs alors que tout se voile
Et que la nuit nous verse un repos bienfaisant,
Il me semblait vous voir descendre d'une étoile,
Votre main écartait un coin de votre voile
Afin de mieux sourire à mon sommeil d'enfant.

Je vous aimais encore à cet âge où la vie
Commence à deviner un plus large horison ;
Chaque chose est alors parfum ou mélodie :
Votre nom, ô ma mère, était une harmonie
Qui captivait mon cœur et réglait ma raison.

Dans ce vague idéal, domaine des caprices,
Ignorant où fixer mes incertains désirs,
Je revenais à vous toujours avec délices ;
Mon âme vous donna ses plus chastes prémices,
Vous avez recueilli ses vœux et ses soupirs.

Vœux et soupirs si purs ! Ineffable prélude,
Sentier vert et fleuri qui mène au vrai bonheur !
Elans religieux dont j'avais l'habitude,
L'existence est par vous moins amère et moins rude ;
Qu'elle main arracha ces germes de mon cœur ?

Comme un sépulcre ouvert ma vie est froide et vide ;
Instruit par les leçons d'un triste souvenir,
Je n'ôse plus fier ma barque au flot perfide,
De dangers et d'écueils je ne suis plus avide
Et je tremble en songeant aux jours de l'avenir.

Je n'ai rien conservé qu'un rayon d'espérance,
Vacillant à tout vent comme un pâle flambeau ;
Ecrasé sous le poids de mon indifférence,
A peine ai-je un regret pour ma pauvre innocence
Dont l'orage d'hier prit le dernier lambeau.

Mais après, l'ouragan brille sur le nuage,
L'arc-en-ciel, précurseur d'un calme lendemain :
Prenant pour piedestal les débris du jeune âge,
Telle à mes yeux ravis apparaît votre image
Dont les brillants reflets éclairent mon chemin.

Et j'ai senti renaître une vive étincelle
De ce feu presqu'éteint dont je brûlais jadis :
Trop longtemps oublieux, trop longtemps infidèle,
Je reviens implorer votre auguste tutelle
Et chercher près de vous de consolans abris.

Dans le fragile esquif sur la mer irritée,
Le pêcheur tout tremblant vous prie à deux genoux.
Sa prière jamais fut-elle rejetée !
Vous descendez parler à la vague agitée
Et les flots à vos pieds déposent leur courroux.

D'un coupable abandon vous oubliez l'injure,
Si l'affligé contrit vous nomme dans ses pleurs ;
Par vous le repentir lave la flétrissure ;
Votre main sait verser le beaume à la blessure,
Vous daignez compatir à toutes nos douleurs.

Je voudrais redonner à ma voix qui vous prie
Ces modulations qui la faisait frémir
Alors que, vierge encor, rien ne l'avait flétrie ;
Mais le cœur desséché ne sait plus, ô Marie,
Que sur les jours perdus soupirer et gémir.

Comme les vieux chrétiens, en un lointain voyage,
Allaient tremper leur foi près du tombeau divin,
J'essaie, afin de mieux affermir mon courage,
A travers votre vie un court pélerinage :
Guidez mes pas tremblants dans ce nouveau chemin.

D'autres pour vous louer, Vierge suave et pure,
Trouveront des accords plus touchants et plus beaux ;
Mais l'insecte a sa part aux chants de le nature
Et du ruisseau caché le timide murmure
Monte au Seigneur avec la voix des grandes eaux.

www.ingramcontent.com/pod-product-compliance
Lightning Source LLC
Chambersburg PA
CBHW070455080426
42451CB00025B/2740